Bundesrahmentarifvertrag für Apothekenmitarbeiter

mit Gehaltstarifvertrag

Stand: 1. August 2024

AF726785

Deutscher Apotheker Verlag

Zuschriften an
lektorat@dav-medien.de

Alle Angaben in diesem Werk wurden sorgfältig geprüft. Dennoch kann der Verlag keine Gewähr für deren Richtigkeit übernehmen.

Bibliografische Information der Deutschen Nationalbibliothek
Die Deutsche Nationalbibliothek verzeichnet diese Publikation in der Deutschen Nationalbibliografie; detaillierte bibliografische Daten sind im Internet unter http://portal.dnb.de abrufbar.

65. Auflage 2024
ISBN 978-3-7692-8420-1

© 2024 Deutscher Apotheker Verlag
Maybachstraße 8, 70469 Stuttgart
www.deutscher-apotheker-verlag.de
Printed in Germany
Satz: primustype Hurler GmbH, Notzingen
Druck und Bindung: Zimmermann Druck + Verlag GmbH, Balve
Umschlaggestaltung: deblik, Berlin

Inhaltsverzeichnis

Bundesrahmentarifvertrag für Apothekenmitarbeiter

zwischen dem Arbeitgeberverband Deutscher Apotheken
und ADEXA – Die Apothekengewerkschaft, gültig ab 1. August 2024

Präambel

Im Vertragstext wird aus Gründen der besseren Lesbarkeit und ohne jede Diskriminierungsabsicht bei der Bezeichnung der Mitarbeiter*innen und der Apothekeninhaber*innen ausschließlich die männliche Form genutzt. Damit sind alle Geschlechter einbezogen.

§ 1 Geltungsbereich

1. Der Tarif gilt
1) r ä u m l i c h
   für die Länder der Bundesrepublik Deutschland,
2) f a c h l i c h
   für alle Apotheken, mit Ausnahme der Krankenhausapotheken,
3) p e r s ö n l i c h für
   a) approbierte Apotheker,
   b) pharmazeutisch-technische Assistenten,
   c) Apothekerassistenten,
   d) Pharmazie-Ingenieure und Diplompharmazie-Ingenieure
   e) Apothekenassistenten,
   f) pharmazeutisch-kaufmännische Angestellte,
   g) Apothekenhelfer,
   h) Apothekenfacharbeiter,
   i) Pharmazeutische Assistenten,
   j) Personen, die sich in der Ausbildung zu einem der Berufe unter a), b) und f) befinden.
2. Auf Verwalter und Vertreter im Sinne des § 15 finden die Bestimmungen der §§ 3, 7 und 8 zugunsten einzelvertraglicher Regelungen keine Anwendung.

§ 2 Arbeitsvertrag

1. Der Arbeitsvertrag soll schriftlich geschlossen werden.
2. Im Arbeitsvertrag soll vereinbart werden, in welcher Haupt- und/oder Filialapotheke der Mitarbeiter eingesetzt wird.

§ 3 Arbeitszeit

1. Die regelmäßige Arbeitszeit ausschließlich der Ruhepausen beträgt wöchentlich 39 Stunden. Fallen in die Woche ein oder mehrere gesetzliche Feiertage, so verkürzt sich die wöchentliche Arbeitszeit um die an den Feiertagen ausfallenden Arbeitsstunden.
2. Beginn und Ende der täglichen Arbeitszeit, der Pausen und der Notdienstbereitschaft werden durch den Apothekeninhaber festgelegt.
   Während der Pausenzeiten kann der Mitarbeiter seinen Aufenthaltsort frei bestimmen. Zeiten, die der Mitarbeiter auf Anweisung des Apothekeninhabers in der Apotheke verbringen muss, sind Arbeitszeit.
3. Als Arbeitszeit zählen auch Teambesprechungen.

§ 4 Jahresarbeitszeitkonto

1. Abweichend von § 3 kann mit Vollzeitmitarbeitern einvernehmlich eine flexible wöchentliche Arbeitszeit von 29 – 48 Stunden vereinbart werden, wenn die Arbeitszeit im Ausgleichszeitraum von 12 Monaten durchschnittlich 39 Stunden beträgt. Der Ausgleichszeitraum sollte dem Kalenderjahr entsprechen.
   Mit Teilzeitmitarbeitern kann eine wöchentliche Arbeitszeit von 75 v. H. bis 130 v. H. ihrer vertraglichen Arbeitszeit vereinbart werden, wenn die Arbeitszeit im Ausgleichszeitraum durchschnittlich die vertraglich vereinbarte wöchentliche Arbeitszeit beträgt. Der Ausgleichszeitraum sollte dem Kalenderjahr entsprechen.
   Beginnt oder endet ein Arbeitsverhältnis innerhalb eines Kalenderjahres, so ist für die Berechnung der durchschnittlichen Arbeitszeit der Anteil des Kalenderjahres zu berücksichtigen, in dem das Arbeitsverhältnis des Mitarbeiters bestand.
2. Die Vereinbarung nach Absatz 1 muss schriftlich erfolgen. Die regelmäßige wöchentliche Arbeitszeit ist zu vereinbaren. Wurde eine Vereinbarung nach Absatz 1 getroffen, so ist für diesen Mitarbeiter ein schriftliches oder elektronisches Arbeitszeitkonto zu führen. Die regelmäßigen Arbeitszeiten sind hinsichtlich Umfang und Lage ebenfalls schriftlich festzuhalten.
   Der Apothekeninhaber (oder sein Vertreter) zeichnet die geleisteten Arbeitsstunden monatlich gegen. Dabei muss aus der Aufzeichnung deutlich zu ersehen sein, wie viele (+)- bzw. (-)-Stunden sich ergeben.
   Das Arbeitszeitkonto ist für den Mitarbeiter jederzeit einsehbar.

3. Die von dem Mitarbeiter zu leistende wöchentliche Arbeitszeit sowie deren Verteilung wird vom Apothekeninhaber in der Regel jeweils spätestens 2 Wochen vorher festgelegt (Ankündigungsfrist). In Ausnahmefällen, z. B. bei Krankheit oder anderen kurzfristigen Ausfällen eines Mitarbeiters, kann die Ankündigungsfrist auf ein Mindestmaß von 24 Stunden reduziert werden. Die Lage der Arbeitszeit sollte möglichst unverzüglich nach Bekanntwerden des Ausnahmefalls und auch unter Berücksichtigung der persönlichen Umstände des Mitarbeiters festgelegt werden.
   Während des Ausgleichszeitraums wird über die durchschnittliche tägliche Arbeitszeit eines Mitarbeiters hinaus anfallende Mehrarbeit zuschlagsfrei in das Arbeitszeitkonto eingestellt. Für Nacht-, Sonn- und Feiertagsarbeit gilt die Regelung des § 8. Diese Stunden werden mit dem entsprechenden Zuschlag in das Arbeitszeitkonto eingestellt.
   Tage, an denen der Mitarbeiter Anspruch auf Entgeltfortzahlung hat (z. B. Krankheit, Urlaub, Feiertage), werden mit der in Absatz 2 vertraglich festgelegten regelmäßigen Arbeitszeit des Mitarbeiters in das Arbeitszeitkonto eingestellt.
4. Am Ende des Ausgleichszeitraums wird das Arbeitszeitkonto abgerechnet.
   Die Abgeltung eines Arbeitszeitguthabens des Mitarbeiters erfolgt in Freizeit. Den Zeitpunkt der Freizeitgewährung bestimmt der Apothekeninhaber unter Berücksichtigung der Interessen des Mitarbeiters. Legt der Apothekeninhaber den Zeitpunkt der Freizeitgewährung aus betrieblichen Gründen einseitig fest, so ist bei entsprechendem Zeitguthaben mindestens ein ganzer Arbeitstag zu gewähren.
   Der Ausgleich des Arbeitszeitkontos hat innerhalb der ersten 3 Monate des Folgejahres zu erfolgen. Erfolgt der Ausgleich in diesem Zeitrahmen nicht, werden Mehrarbeitszuschläge fällig.
   Einvernehmlich kann eine finanzielle Abgeltung des Arbeitszeitguthabens vereinbart werden.
   Hat der Mitarbeiter am Ende des Ausgleichszeitraums Minderstunden, werden diese in den nächsten Ausgleichszeitraum übertragen. Sie sind im Rahmen der betrieblichen Erfordernisse in den ersten 3 Monaten des Ausgleichszeitraums auszugleichen. Gibt der Apothekeninhaber dem Mitarbeiter hierzu keine Gelegenheit, verfallen die Minderstunden und sind nicht mehr nachzuarbeiten.
5. Bei Beendigung des Arbeitsverhältnisses ist das Zeitkonto möglichst bis zum Ende des Arbeitsverhältnisses auszugleichen.
   Ist dies aus betrieblichen Gründen nicht möglich, sind die verbleibenden (+)-Stunden des Mitarbeiters finanziell abzugelten.
   Weist das Zeitkonto zu Lasten des Mitarbeiters verbleibende (-)-Stunden auf, ist dem Mitarbeiter die Gelegenheit zu geben, die Minusstunden nachzuarbeiten. Nimmt der Mitarbeiter die Gelegenheit aus Gründen nicht wahr, die nicht der Apothekeninhaber zu vertreten hat, gilt die hierauf gezahlte Vergütung als Vorschuss.
   Letzteres gilt auch, wenn das Arbeitsverhältnis aufgrund arbeitgeberseitiger fristloser Kündigung oder durch entsprechende einvernehmliche Beendigung des Arbeitsverhältnisses endet.

§ 5 Notdienstbereitschaft

1. Als Notdienstbereitschaft gilt die Zeit, in der die Apotheke außerhalb ihrer Öffnungszeiten notdienstbereit und entsprechend gekennzeichnet ist.
2. Die nach der Verordnung über den Betrieb von Apotheken zur Ausübung der Notdienstbereitschaft berechtigten Mitarbeiter sind neben der regelmäßigen Arbeitszeit zur Notdienstbereitschaft verpflichtet. Dabei darf die gesetzliche Höchstarbeitszeit von 10 Stunden je Werktag bzw. Sonn- und Feiertag überschritten werden. Insgesamt darf eine Jahresarbeitszeit von 2112 Stunden nicht überschritten werden. Der Ausgleichszeitraum nach § 3 und § 6 Abs. 2 Arbeitszeitgesetz (ArbZG) wird auf 12 Monate festgelegt.
3. Der Apothekeninhaber ist verpflichtet, für den Aufenthalt während der Notdienstbereitschaft einen Raum mit angemessener wohnlicher Ausstattung einschließlich Bettwäsche sowie ein betriebsbereites Rundfunkgerät und ein betriebsbereites Fernsehgerät bereitzustellen. Während des Notdienstes sind nur Bereitschaftstätigkeiten zu leisten.
4. Die Notdienstbereitschaft ist im Wechsel möglichst gleichmäßig von den zum Notdienst verpflichteten Mitarbeitern zu übernehmen. Dabei ist die Verteilung proportional zur Wochenarbeitszeit der Mitarbeiter vorzunehmen. Von dem einzelnen Diensttuenden kann nicht mehr als die Hälfte der von der Apotheke zu leistenden Notdienstbereitschaften verlangt werden, von zwingenden Notfällen abgesehen.
5. Nach einer Notdienstbereitschaft einschließlich des davor oder danach als Arbeitszeit geleisteten Zeitraumes von höchstens 24 Stunden muss eine Freizeit von mindestens 12 Stunden gewährt werden, soweit nicht dringende betriebliche Gründe[1] entgegenstehen.

§ 6 Vergütung der Notdienstbereitschaft

1. Für jede Notdienstbereitschaft in der Nacht (18.30 – 8.00 Uhr) wird nach vorheriger Absprache entweder eine Freizeit gewährt, die für die Zeit von 18.30 bis 22.00 Uhr 3,5 Stunden, ab 22.00 Uhr bis 8.00 Uhr 5,5 Stunden beträgt, oder eine entsprechende Vergütung, die in der Gehaltstafel Spalten 2 a und 2 b verzeichnet ist.
2. Für jede Notdienstbereitschaft an Sonn- und Feiertagen (8.00 – 18.30 Uhr) wird nach vorheriger Absprache entweder eine Freizeit von 10,5 Stunden oder eine entsprechende Vergütung gewährt, die in der Gehaltstafel Spalte 3 verzeichnet ist.
3. Für die übrigen Zeiten der Notdienstbereitschaft wird nach vorheriger Absprache entweder eine Vergütung nach § 17 Abs. 2 (ohne Zuschlag nach § 8) oder entsprechende Freizeit gewährt.

[1] Die Parteien sind sich darüber einig, dass die durchgehende Aufrechterhaltung des Betriebes als dringender betrieblicher Grund anzusehen ist.

4. Kommt es in den oben genannten Fällen innerhalb von 2 Wochen nicht zu einer Einigung, entscheidet der Apothekeninhaber, ob in Geld oder Freizeit vergütet wird. Die Freizeit soll zusammenhängend im Folgemonat gewährt werden. Die Vergütung soll im Folgemonat abgerechnet und ausgezahlt werden.
5. Wird die Notdienstbereitschaft nur teilweise geleistet, werden Freizeit beziehungsweise Vergütung nach Absatz 1 beziehungsweise Absatz 2 entsprechend zeitanteilig gewährt.
6. Durch ein Gehalt, das um mindestens 13 % über dem Tarifgehalt liegt, ist die Notdienstbereitschaft abgegolten.[2]

§ 7 Mehrarbeit, Nacht-, Sonn- und Feiertagsarbeit

1. Über die vertraglich vereinbarte wöchentliche Arbeitszeit hinaus kann vom Apothekeninhaber in begründeten Ausnahmefällen Mehrarbeit im gesetzlichen Rahmen verlangt werden.
2. Nachtarbeit ist die in der Zeit von 22.00 Uhr bis 6.00 Uhr, Sonn- und Feiertagsarbeit ist die an Sonn- und Feiertagen in der Zeit von 0.00 Uhr bis 24.00 Uhr geleistete Arbeit.
3. Mehrarbeit, Nacht-, Sonn- und Feiertagsarbeit ist nach § 8 zu entlohnen.
4. Die Notdienstbereitschaft entsprechend § 5 ist – unbeschadet abweichender lohnsteuer- und sozialversicherungsrechtlicher Beurteilung – arbeitsrechtlich weder Mehrarbeit noch Nacht-, Sonn- und Feiertagsarbeit.

§ 8 Vergütung der Mehr-, Nacht-, Sonn- und Feiertagsarbeit

1. Ein Anspruch auf Vergütung für geleistete Mehr-, Nacht-, Sonn- und Feiertagsarbeit besteht nur, wenn diese vom Apothekeninhaber oder seinem Beauftragten angeordnet, ausdrücklich gebilligt oder geduldet worden ist. Für jede als Mehr-, Nacht-, Sonn- und Feiertagsarbeit geleistete Arbeitsstunde ist eine Grundvergütung und ein Zuschlag zu zahlen.
   Die Grundvergütung beträgt bei einer regelmäßigen Wochenarbeitszeit von 39 Stunden 1/169 des Tarifgehalts.
   Die Zuschläge betragen

für Mehrarbeit ab der 1. bis 10. Stunde	15 % der Grundvergütung
für Mehrarbeit ab der 11. Stunde	25 % der Grundvergütung
für Nachtarbeit	50 % der Grundvergütung
für Sonntagsarbeit	85 % der Grundvergütung
für Feiertagsarbeit	85 % der Grundvergütung.

[2] Durch die Ableistung von Notdiensten darf die tarifliche Vergütung des Gehaltstarifvertrages nicht unterschritten werden.

Treffen mehrere Zuschläge für die gleiche Arbeitszeit zusammen, so ist nur der jeweils höchste Zuschlag zu zahlen.

2. Die Vergütung für Mehr-, Nacht-, Sonn- und Feiertagsarbeit ist den Mitarbeitern bei der Gehaltszahlung für den auf die Leistung folgenden Monat auszuzahlen.
3. Die Vergütung kann nach vorheriger Absprache auch in Form von Freizeit erfolgen. Kommt es innerhalb von 2 Wochen nicht zu einer Einigung, entscheidet der Apothekeninhaber, ob in Geld oder Freizeit vergütet wird. Die Freizeit ist mit einem Zuschlag entsprechend Absatz 1 zu versehen. Sie sollte zusammenhängend im Folgemonat gewährt werden. Die Vergütung soll im Folgemonat abgerechnet und ausgezahlt werden.

§ 9 Fortzahlung des Gehaltes im Krankheitsfall

1. Die Mitarbeiter haben bei unverschuldeter krankheitsbedingter Arbeitsunfähigkeit Anspruch auf Weiterzahlung des Gehaltes entsprechend der jeweiligen gesetzlichen Regelung.
2. Sachbezüge sind insoweit abzugelten, als sie während der Dauer der Arbeitsverhinderung nicht gewährt werden können. Als Sachbezüge gelten die im Lohnsteuerrecht als solche bezeichneten Leistungen.
3. Die Arbeitsunfähigkeit des Mitarbeiters und deren voraussichtliche Dauer ist dem Apothekeninhaber oder dessen Stellvertreter unverzüglich mitzuteilen.
4. Dauert eine Erkrankung länger als 3 Kalendertage, ist der Mitarbeiter verpflichtet, das Bestehen einer Arbeitsunfähigkeit sowie deren voraussichtliche Dauer spätestens an dem darauffolgenden Arbeitstag feststellen zu lassen.
   Erfolgt die Feststellung der Arbeitsunfähigkeit durch einen Arzt, der nicht an der vertragsärztlichen Versorgung teilnimmt oder ist der Mitarbeiter nicht Versicherter einer gesetzlichen Krankenkasse, ist er spätestens am darauffolgenden Arbeitstag verpflichtet, dem Apothekeninhaber eine ärztliche Bescheinigung über die Arbeitsunfähigkeit und deren voraussichtliche Dauer vorzulegen.
   Bei einer Dauer der Arbeitsunfähigkeit von bis zu 3 Kalendertagen besteht die Nachweispflicht nur auf ausdrückliches Verlangen des Apothekeninhabers.

§ 10 Fortzahlung des Gehaltes im Todesfall

1. Im Todesfall ist das Gehalt für weitere 6 Wochen an den unterhaltsberechtigten Ehegatten, den eingetragenen Lebenspartner oder nichtehelichen Lebensgefährten zu zahlen, sofern dieser unterhaltsberechtigt ist. Ist ein solcher nicht vorhanden, so steht dieser Anspruch den Kindern des Verstorbenen zu, falls dieser ihnen gegenüber zum Zeitpunkt des Todes unterhaltspflichtig war.
2. Auf den Anspruch nach Absatz 1 werden Zahlungen angerechnet, die der Verstorbene für Krankheitszeiten nach § 9 im unmittelbaren zeitlichen Zusammen-

hang mit seinem Tod erhalten hat. Anzurechnen sind höchstens Zahlungen für 32 Tage. Leistungen aus Versicherungen bleiben hierbei unberücksichtigt, Leistungen aus betrieblichen Versorgungszusagen sind anzurechnen.

§ 10 a Freistellung von der Arbeit aus besonderen Anlässen

1. Alle Mitarbeiter haben Anspruch auf Freistellung von der Arbeitsleistung unter Fortzahlung des Gehaltes bis zu einer Dauer von insgesamt 2 Arbeitstagen im Kalenderjahr nur bei

a) eigener Eheschließung	1 Arbeitstag
b) Teilnahme an der Eheschließung der Kinder oder Geschwister	1 Arbeitstag
c) Niederkunft der Ehefrau, eingetragenen Lebenspartnerin oder nichtehelichen Lebensgefährtin	1 Arbeitstag
d) Tod des Ehegatten, des Lebenspartners, der Kinder, der Eltern, der Stiefeltern und der Schwiegereltern	1 Arbeitstag
e) Teilnahme an der Beerdigung der unter d) genannten Angehörigen sowie der Geschwister und Großeltern	1 Arbeitstag
f) Anzeigen auf dem Standesamt, die persönlich erledigt werden müssen	die nach dem Ermessen der Behörde notwendige Zeit
g) Vorladungen vor Gericht oder bei sonstigen Behörden	die nach dem Ermessen der Behörde notwendige Zeit
h) Aufsuchen eines Arztes zur ärztlichen und zahnärztlichen Behandlung, sofern dies nicht außerhalb der Dienstzeit möglich ist	die dafür notwendige Zeit
i) Stellenwechsel	die für Vorstellungsgespräche notwendige Zeit

2. Ferner besteht Anspruch auf Freistellung von der Arbeitsleistung unter Fortzahlung des Gehalts bei durch Attest nachzuweisender Erkrankung eines Kindes bis zum vollendeten 16. Lebensjahr, sofern die Pflege notwendig ist und durch keine andere im selben Haushalt lebende Person vorgenommen werden

kann, bis zu insgesamt 5 Arbeitstagen jährlich, soweit kein Anspruch auf anderweitigen Vergütungsersatz besteht.

3. Auf Verlangen hat der Apothekeninhaber dem Mitarbeiter bei Beendigung des Arbeitsverhältnisses eine Bescheinigung über den Umfang des zum Zeitpunkt der Beendigung noch bestehenden Freistellungsanspruchs auszuhändigen, die der Mitarbeiter seinem neuen Arbeitgeber bei Bedarf zu übergeben hat.
4. Soweit die oben angeführten Gründe zwingend zu längerer Unterbrechung der Arbeitsleistung führen, als vorstehend hierfür bezahlte Freizeit zugebilligt wird, kann die längere Freizeit im Einvernehmen mit dem Mitarbeiter lediglich als unbezahlte Freizeit gewährt werden. Die Vereinbarung muss schriftlich getroffen werden.
5. Der Zeitpunkt der Freistellung ist – soweit das nach der jeweiligen Besonderheit der Verhinderung möglich ist – rechtzeitig mit dem Apothekeninhaber abzustimmen, wobei die betrieblichen Erfordernisse berücksichtigt werden sollen.
6. Bei Zweifeln über Bestehen oder zeitliche Dauer des Verhinderungsgrundes kann der Apothekeninhaber vom Mitarbeiter die Vorlage eines Nachweises verlangen.

§ 11 Erholungsurlaub

1. Der Urlaub dient der Erholung und der Erhaltung der Arbeitskraft. Er ist seiner Bestimmung entsprechend möglichst zusammenhängend zu nehmen und zu gewähren. Jeder Mitarbeiter hat Anspruch auf bezahlten Erholungsurlaub nach Maßgabe der folgenden Bestimmungen:
2. Urlaubsjahr ist das Kalenderjahr.
3. Der Urlaub beträgt für alle Mitarbeiter 35 Werktage. Hierzu wird den Mitarbeitern nach 4-jähriger ununterbrochener Betriebszugehörigkeit ein Zusatzurlaub von einem Werktag gewährt. Der Urlaubsberechnung ist das bei Beginn des Kalenderjahres bereits vollendete Jahr der Betriebszugehörigkeit des Mitarbeiters zugrunde zu legen.
4. Werktag ist jeder Tag, der nicht Sonn- oder Feiertag ist. Ist der Mitarbeiter an weniger als 6 Werktagen in der Woche tätig, so ist der Urlaubsanspruch von Werktagen in Arbeitstage umzurechnen.

5a. Für jeden vollen Monat der Betriebszugehörigkeit hat der Mitarbeiter Anspruch auf 1/12 des tariflichen Jahresurlaubs. Besteht das Arbeitsverhältnis nach erfüllter Wartezeit über den 30. Juni hinaus, darf der gesetzliche Mindesturlaub von 24 Werktagen nicht unterschritten werden.

5b. Der Urlaubsanspruch wird für jeden vollen Monat unbezahlten Urlaubs des Mitarbeiters um 1/12 gemindert.

5c. Der Urlaubsanspruch mindert sich ferner um 1/12 für jeden weiteren vollen Monat, wenn das Arbeitsverhältnis länger als 8 Monate ruht oder der Mitarbeiter länger als 8 Monate im Kalenderjahr arbeitsunfähig erkrankt ist.
Der gesetzliche Mindesturlaubsanspruch von 24 Werktagen darf durch die Minderung nicht unterschritten werden. Unberührt bleibt die Möglichkeit der Kürzung des Urlaubsanspruchs nach § 17 Abs. 1 Satz 1 BEEG.

6. Bei der zeitlichen Festlegung des Urlaubs durch den Apothekeninhaber sind die Urlaubswünsche der Mitarbeiter zu berücksichtigen, es sei denn, dass ihrer Berücksichtigung dringende betriebliche Belange oder Urlaubswünsche anderer Mitarbeiter, die unter sozialen Gesichtspunkten den Vorrang verdienen, entgegenstehen. Der Apothekeninhaber hat einen schriftlichen Urlaubsantrag des Arbeitnehmers spätestens 4 Wochen nach Zugang des Antrags zu bescheiden. Trifft der Apothekeninhaber keine Entscheidung, gilt der Antrag nach Ablauf von 4 Wochen als genehmigt. Der Apothekeninhaber kann Zeiträume zum Ende oder zum Beginn des Jahres festsetzen, in denen die Mitarbeiter ihre Urlaubsanträge einreichen sollen.
7. Lassen besondere Umstände des Betriebes ausnahmsweise die Verwirklichung des Urlaubs nicht zu, so ist der Urlaub auf das nächste Jahr zu übertragen. Im Falle der Übertragung muss der Urlaub in den ersten 3 Monaten des folgenden Kalenderjahres gewährt und genommen werden. Der Urlaubsanspruch in Höhe des gesetzlichen Mindesturlaubs nach § 3 Bundesurlaubsgesetz bleibt bis zum 31. März des übernächsten Jahres bestehen, wenn der Mitarbeiter den Urlaub in dem Übertragungszeitraum wegen krankheitsbedingter Arbeitsunfähigkeit nicht nehmen konnte. Ist die Übertragung wegen Beendigung des Arbeitsverhältnisses nicht möglich, so ist jeder Urlaubstag mit 1/25 des monatlichen Bruttogehaltes abzugelten.
   Arbeitet der Mitarbeiter nicht an allen 6 Werktagen in der Woche und ist eine Umrechnung des Urlaubsanspruchs in Arbeitstage nach Absatz 4 erfolgt, ist jeder Urlaubstag mit dem Gehalt abzugeben, das dem Durchschnittsgehalt eines Arbeitstages entspricht.
8. Erkrankt ein Mitarbeiter während des Urlaubs, so werden die durch ärztliches Zeugnis nachgewiesenen Tage der Arbeitsunfähigkeit auf den Jahresurlaub nicht angerechnet. Der Mitarbeiter hat sich nach Ablauf des Urlaubs oder, falls die Krankheit über das vorgesehene Ende des Urlaubs fortdauert, nach Beendigung der Krankheit zunächst dem Apothekeninhaber zur Dienstleistung zur Verfügung zu stellen. Dieser entscheidet entsprechend Absatz 6, wann der Rest des Urlaubs genommen werden kann.
9. Unterbricht ein Mitarbeiter im Interesse des Betriebes seinen Urlaub oder muss er einen bereits bewilligten Urlaub verschieben, so sind ihm die nachgewiesenen notwendigen Mehrkosten zu ersetzen, die durch die Unterbrechung oder Verschiebung entstanden sind. Die zur Reise benötigte Zeit ist im Falle der Unterbrechung nicht auf den Urlaub anzurechnen.
10. Während des Urlaubs darf der Mitarbeiter keine dem Urlaubszweck widersprechende Erwerbstätigkeit ausüben.
11. Für die Zeit des Urlaubs ist dem Mitarbeiter das Gehalt als Urlaubsvergütung weiterzuzahlen. Sachbezüge sind nur insoweit abzugelten, als sie während der Dauer des Urlaubs nicht weiter gewährt werden.
12. Apothekeninhaber und Mitarbeiter können vereinbaren, dass 3 Werktage des Urlaubsanspruchs pro Kalenderjahr abgegolten werden. Jeder Werktag ist mit je 1/25 des monatlichen Bruttogehalts abzugelten.
    Erfolgt nach Absatz 4 eine Umrechnung des Urlaubsanspruchs in Arbeitstage, darf die Abgeltung für die Hälfte der Arbeitstage einer Woche erfolgen. In die-

sem Fall ist jeder Urlaubstag mit dem Gehalt abzugelten, das dem Durchschnittsgehalt eines Arbeitstages entspricht.

13. Ein vor Ausscheiden aus dem Betrieb bestehender Urlaubsanspruch ist möglichst während der Kündigungsfrist zu erfüllen. Ist dies ausnahmsweise aus betrieblichen Gründen oder wegen krankheitsbedingter Arbeitsunfähigkeit des Mitarbeiters nicht möglich, so ist der Urlaub nach § 11 Abs. 7 abzugelten.

§ 12 Freistellung für fachliche Fortbildung

1. Vollzeitbeschäftigte Mitarbeiter erhalten für die Teilnahme an fachlich-wissenschaftlichen Fortbildungsveranstaltungen in Präsenz oder digital innerhalb von 2 Kalenderjahren 6 Werktage Fortbildungszeit unter Fortzahlung des Gehaltes. Teilzeitbeschäftigte Mitarbeiter erhalten die Fortbildungszeit anteilig im Verhältnis ihrer wöchentlichen Arbeitszeit zur regelmäßigen tariflichen Wochenarbeitszeit.
2. Der Anspruch auf Fortbildungszeit wird erstmalig nach einer Wartezeit von 6 Monaten seit Beginn des Arbeitsverhältnisses erworben. Teilansprüche können nicht erworben werden. Der Anspruch auf Fortbildungszeit besteht nicht, soweit der Mitarbeiter für den laufenden Zweijahres-Zeitraum bereits von einem früheren Arbeitgeber Fortbildungszeit erhalten hat. Hierüber hat der Mitarbeiter eine Bescheinigung des früheren Arbeitgebers vorzulegen, zu deren Ausstellung dieser verpflichtet ist.
3. Voraussetzung für die Gewährung der Fortbildungszeit ist, dass der Mitarbeiter diese mindestens 1 Monat vorher beantragt und seine Teilnahme an der Fortbildungsveranstaltung nachweist. Sollten die personellen Verhältnisse unter keinen Umständen die Gewährung der Fortbildungszeit zum gewünschten Zeitpunkt zulassen, besteht kein Anspruch auf die Gewährung der bezahlten Freizeit. Der Mitarbeiter kann in solchem Fall die Fortbildungszeit für eine andere Veranstaltung zu einem geeigneten Zeitpunkt erneut geltend machen.
4. Im Laufe des Zweijahres-Zeitraumes im Sinne des Absatzes 1 nicht genommene Fortbildungszeit entfällt ersatzlos. Sie kann weder auf den nächsten Zweijahres-Zeitraum übertragen noch abgegolten werden.
5. Nimmt ein Mitarbeiter an einer Fortbildungsveranstaltung im Sinne des Absatzes 1 in für ihn arbeitsfreier Zeit teil, so kann er in entsprechendem Umfang innerhalb der nächsten 12 Wochen Arbeitsbefreiung unter Fortzahlung des Gehaltes verlangen. Macht er von diesem Recht Gebrauch, so ist sein Fortbildungszeitanspruch insoweit erfüllt. Dieses Recht besteht nicht, falls beziehungsweise soweit dem Mitarbeiter ein Fortbildungszeitanspruch nicht zusteht.
6. Freistellung von der Arbeit bis zu 4 Stunden zur Teilnahme an einer Fortbildungsveranstaltung wird als 1/2 Tag auf die Fortbildungszeit angerechnet. Freistellung von der Arbeit von mehr als 4 Stunden wird als ganzer Tag auf die Fortbildungszeit angerechnet.
7. Vorstehende Regelungen der Absätze 1 bis 6 gelten nicht, sofern ein gesetzlicher Bildungsurlaubsanspruch besteht, es sei denn, der Mitarbeiter kann aufgrund

dieser gesetzlichen Regelung keinen Anspruch geltend machen oder der Apothekeninhaber wünscht die Teilnahme des Mitarbeiters an einer Fortbildungsveranstaltung. Hat ein Mitarbeiter bereits Bildungsurlaub auf Grund einer gesetzlichen Regelung genommen, wird dieser auf seinen Anspruch nach den Absätzen 1 bis 6 angerechnet.

§ 13 Ehrenamtliche Tätigkeit

1. Mitarbeitern, die zu einer Berufsorganisation delegiert sind, deren Tätigkeit im öffentlichen Gesundheitswesen erwünscht ist oder die zur Mitarbeit in Berufsbildungsausschüssen, Prüfungsausschüssen oder Ausbildungskommissionen bestimmt sind, ist die hierzu notwendige Zeit als unbezahlte Freizeit zu gewähren, wenn eine ernsthafte Störung des Betriebes damit nicht verbunden ist. Von der Übernahme einer solchen Tätigkeit ist der Apothekeninhaber zu unterrichten, sofern eine Belastung des Betriebes zu erwarten ist.
2. Mitarbeitern, die ehrenamtlich der Tarifkommission von ADEXA Die Apothekengewerkschaft angehören und im Rahmen dieser Aufgabe an Verhandlungen mit dem Arbeitgeberverband Deutscher Apotheken über Tarifverträge teilnehmen, ist 1 Arbeitstag im Kalenderjahr bezahlte Freizeit, im Übrigen die hierzu notwendige Zeit als unbezahlte Freizeit zu gewähren.

§ 14 Berufsjahre

1. Bei pharmazeutischen Mitarbeitern zählen als Berufsjahre die nachweislich im räumlichen Geltungsbereich des Tarifvertrages in Apotheken, Pharmazeutischen Zentren, Bezirksapothekeninspektionen, Berufsorganisationen, an PTA-Lehranstalten und der Pharmazieschule, Berufsschulen und pharmazeutischen Instituten als Doktoranden, Assistenten, Habilitanden oder Dozenten verbrachten Zeiten. Angerechnet werden auch Zeiten, die ein Mitarbeiter, der seine Berufsqualifikation nach § 1 Abs. 3 im deutschen Raum erlangt hat, in einer Apotheke in der EU geleistet hat. Eine darüberhinausgehende Anerkennung europäischer Berufsqualifikationen richtet sich nach der Anerkennung durch den Gesetzgeber.
2. Als Berufsjahre zählt auch der im räumlichen Geltungsbereich dieses Tarifvertrages abgeleistete Grundwehr- und Ersatzdienst.
3. Zeiten, die Mitarbeiter während ihres Beschäftigungsverhältnisses in einer öffentlichen Apotheke nach §§ 15, 16 BEEG als Elternzeit in Anspruch nehmen, werden unabhängig von einer Arbeitsleistung der Mitarbeiter während der Elternzeit mit 12 Monaten pro Kind, jedoch nicht mehr als die genommene Elternzeit, als Berufsjahre angerechnet. Insgesamt ist die Anrechnung auf 2 Jahre begrenzt. Die Anrechnung erfolgt unabhängig von der zuvor geleisteten Wochenarbeitszeit des Mitarbeiters.

4. Die Berechnung der Berufsjahre beginnt zum 1. des auf die Erteilung der Erlaubnis zur Berufsausübung folgenden Monats.
5. Das erste Berufsjahr der Apothekenhelfer, der pharmazeutisch-kaufmännischen Angestellten und der Apothekenfacharbeiter beginnt nach bestandener Abschlussprüfung. Es zählen nur Tätigkeiten im pharmazeutischen Bereich.
6. Zeiten, die ein pharmazeutisch-technischer Assistent als pharmazeutisch-kaufmännischer Angestellter bzw. Apothekenhelfer im Sinne des Absatz 2 verbracht hat, werden auf seine PTA-Berufsjahre angerechnet, jedoch nicht mehr als 3 Jahre. Die Zeiten, die ein Pharmazie-Ingenieur als Apothekenassistent und ein Apothekenfacharbeiter als Apothekenhelfer verbracht haben, werden auf die Berufsjahre angerechnet.
7. a) Teilzeitbeschäftigung von mindestens 20 Wochenstunden wird voll auf die Berufsjahre angerechnet.
   b) Tätigkeit von weniger als 20 Wochenstunden wird mit der entsprechenden Quote im Verhältnis zur vollen tariflichen Arbeitszeit gewertet.
8. Auf die Berufsjahre nicht angerechnet werden Zeiten unbezahlten Urlaubs sowie Zeiten, in denen das Arbeitsverhältnis außer in den Fällen von § 14 Abs. 3 länger als 8 Monate ruht oder der Mitarbeiter länger als 8 Monate arbeitsunfähig erkrankt ist.
9. Günstigere Regelungen aufgrund früherer Tarifverträge für Mitarbeiter in Apotheken bleiben von vorstehenden Regelungen unberührt.
10. In Zweifels- und Härtefällen entscheiden die Vorstände der Tarifpartner gemeinsam.

§ 15 Vertreter

Als Vertretung gilt eine Beschäftigung zur Vertretung des Apothekeninhabers im Sinne der Verordnung über den Betrieb von Apotheken.

§ 16 Ausbildungsmittel und Freistellung Auszubildender

1. Der Apothekeninhaber hat dem Auszubildenden kostenlos die Ausbildungsmittel, die zur Berufsausbildung und zur Ablegung von Zwischen- und Abschlussprüfungen erforderlich sind, zur Verfügung zu stellen. Die vom Auszubildenden nachgewiesenen Kosten für die nach der Verordnung über die Berufsausbildung zum Pharmazeutisch-kaufmännischen Angestellten und zur Pharmazeutisch-kaufmännischen Angestellten vorgeschriebene Ausbildung zum Ersthelfer werden vom Apothekeninhaber erstattet.
2. Personen, die sich in der Ausbildung befinden (§ 1 Nr. 3 j), haben Anspruch auf Erstattung der entstandenen Kosten für die Fahrten von der Wohnung zur ausbildenden Apotheke bis zu dem Betrag, der bei Inanspruchnahme des günstig-

sten Tarifs des günstigsten öffentlichen Verkehrsmittels zu zahlen wäre, jedoch nicht mehr als höchstens 50 Euro monatlich. Der Anspruch besteht nur, sofern kein anderer Kostenträger diese Kosten übernimmt.

3. Der Apothekeninhaber hat den Auszubildenden sowohl für die Teilnahme an Prüfungen und Ausbildungsmaßnahmen, die auf Grund öffentlich-rechtlicher Maßnahmen oder vertraglicher Bestimmungen außerhalb der Ausbildungsstätte durchzuführen sind, als auch an den Arbeitstagen, die den Abschlussprüfungen unmittelbar vorangehen, freizustellen.

§ 17 Gehaltsfestsetzung

1. Für die Vergütung ist der Gehaltstarif in der jeweils gültigen Fassung zugrunde zu legen. Zum Gehalt treten gegebenenfalls die Leistungen der Gehaltsausgleichskasse.
2. Gehälter der Mitarbeiter gelten für die regelmäßige wöchentliche Arbeitszeit nach § 3. Teilzeitbeschäftigte erhalten ein Gehalt, das sich aus ihrer Arbeitszeit im Verhältnis zur regelmäßigen wöchentlichen Arbeitszeit nach § 3 ergibt. Bei der Festsetzung der Gehälter nach Arbeitstagen errechnet sich das Arbeitsentgelt mit 1/25 je Arbeitstag. Bei der Festsetzung der Gehälter nach Stunden errechnet sich das Arbeitsentgelt in Höhe von 1/169 je Arbeitsstunde der tariflichen Monatssätze.
3. Der Arbeitgeberanteil zur Rentenversicherung ist entsprechend auch den Mitarbeitern zu gewähren, die nach den sozialgesetzlichen Vorschriften aufgrund ihrer Zugehörigkeit zu einer berufsständischen Pflichtversicherung von der gesetzlichen Rentenversicherung befreit sind.
4. Jeder Mitarbeiter hat Anspruch auf betriebliche Altersversorgung durch einen Arbeitgeberbeitrag und Entgeltumwandlung nach dem Tarifvertrag zur betrieblichen Altersvorsorge für Mitarbeiter und Auszubildende zur pharmazeutisch-kaufmännischen Angestellten in Apotheken. Im Übrigen finden die Bestimmungen des Gesetzes über die Verbesserung der betrieblichen Altersversorgung (BetrAVG) Anwendung.
5. Soweit Mitarbeiter auf Anordnung des Apothekeninhabers an Schulungsveranstaltungen teilnehmen, haben sie Anspruch auf Vergütung nach den Vorschriften dieses Vertrages, für die einschließlich der An- und Abreise verbrachte Zeit. Vergütung und damit im Zusammenhang stehende, im Einzelfall nachzuweisende, Spesen sind vom Apothekeninhaber binnen 14 Tagen, spätestens jedoch zum nachfolgenden Auszahlungszeitpunkt nach Absatz 6 abzurechnen und auszuzahlen. Die Teilnehmergebühren werden bei Fälligkeit durch den Apothekeninhaber beglichen.
6. Die Auszahlung des Gehaltes erfolgt nachträglich, und zwar so, dass es dem Mitarbeiter spätestens am vorletzten Banktag eines jeden Monats während der Arbeitszeit zur Verfügung steht.

7. Bei der Gehaltszahlung ist dem Mitarbeiter eine genaue Abrechnung unter Anführung des Entgeltes einschließlich der gewährten Sachbezüge sowie der einzelnen Abzüge auszuhändigen.
8. Die Vorstände der Tarifparteien können Grundsätze für eine zeitlich befristete untertarifliche Bezahlung von Mitarbeitern zur Erleichterung ihrer Wiedereingliederung in das Berufsleben vereinbaren.[3]
9. In Härtefällen kann die Entlohnung einschließlich der Sonderzahlung unter den tariflichen Gehaltssätzen erfolgen. Die Minderentlohnung ist frei zu vereinbaren und bedarf zu ihrer Gültigkeit der Genehmigung durch die Vorstände der Tarifparteien.

§ 18 Sonderzahlung

1. Jeder Mitarbeiter, dessen Arbeitsverhältnis länger als 6 Monate besteht, erhält jährlich eine Sonderzahlung in Höhe von 100 % seines tariflichen Monatsgehalts. Bei Änderungen der Gehaltshöhe im Laufe des Kalenderjahres ist der tarifliche Jahresdurchschnitt zugrunde zu legen. Das gilt nicht für Änderungen durch Neufestsetzung des Tarifgehaltes oder Einstufung in eine andere Berufsjahrgruppe.
2. Während des Kalenderjahres aufgrund betrieblicher, einseitig vom Apothekeninhaber festgelegter oder vereinbarter Regelungen bereits gezahlte oder noch zu zahlende Sondervergütungen, insbesondere Weihnachts- und Urlaubsgeld, Gratifikationen, Jahresabschlussvergütungen, Jahresprämien, Ergebnisbeteiligungen und dergleichen, können auf die Sonderzahlung angerechnet werden.
3. Der Anspruch auf die Sonderzahlung nach Absatz 1 besteht in voller Höhe, wenn das Arbeitsverhältnis im Jahr der Auszahlung 12 Monate besteht. Bei einer geringeren Betriebszugehörigkeit besteht ein Anspruch in Höhe von 1/12 des vollen Betrages für jeden vollendeten Beschäftigungsmonat. Gleiches gilt für den gekürzten Betrag nach Absatz 8.
4. Hat der Arbeitgeber das Arbeitsverhältnis betriebsbedingt gekündigt, besteht ein Anspruch in Höhe von 1/12 des vollen Betrages für jeden vollendeten Beschäftigungsmonat. Mitarbeiter, deren Arbeitsverhältnis nicht länger als 6 Monate im Kalenderjahr besteht, haben keinen Anspruch auf Sonderzahlung, sofern das Arbeitsverhältnis durch den Mitarbeiter aus nur von ihm zu vertretenden Gründen oder durch den Apothekeninhaber aus verhaltensbedingten Gründen gekündigt wird.

[3] Hat ein Mitarbeiter seine Berufstätigkeit um mehr als 4 bis weniger als 7 Jahre unterbrochen, so kann sein Gehalt für die Dauer von höchstens 6 Monaten um bis zu 10 % unter dem geltenden Tarifsatz vereinbart werden. Hat die Unterbrechung 7 bis weniger als 10 Jahre gedauert, so kann das Tarifgehalt für 6 Monate um 15 % und für weitere 6 Monate um 7,5 % unterschritten werden. Hat die Unterbrechung mindestens 10 Jahre gedauert, so kann das Tarifgehalt für 6 Monate um 20 % und für weitere 6 Monate um 10 % unterschritten werden.

5. Hat ein Mitarbeiter Elternzeit (§§ 15, 16 BEEG) erhalten, ermäßigt sich die Sonderzahlung um 1/12 für jeden vollen Monat der genommenen Zeit. Der Anspruch verringert sich ferner zeitanteilig für die Dauer eines unbezahlten Urlaubs sowie für krankheitsbedingte Fehlzeiten, für die nach § 9 Gehaltsfortzahlung nicht zu leisten ist.
6. Dem Apothekeninhaber bleibt die Festsetzung des Auszahlungszeitpunktes einschließlich der Auszahlung in Teilbeträgen vorbehalten. Die Auszahlung erfolgt jedoch spätestens mit dem Novembergehalt. Scheidet ein Mitarbeiter, der einen Anspruch auf eine anteilige Sonderzahlung hat, vor diesem Zeitpunkt aus, ist die Zahlung mit dem letzten Gehalt zu leisten. Soweit ein ausscheidender Mitarbeiter zu viel erhalten hat, ist er zur Rückzahlung verpflichtet.
7. Soweit Ansprüche irgendwelcher Art von der Höhe des Arbeitsentgelts abhängig sind, werden Zahlungen nach § 18 nicht mitgerechnet.
8. Sollte das voraussichtliche Betriebsergebnis am 30.09. im Vergleich zum Vorjahr um mindestens 10 % reduziert sein, kann die Sonderzahlung auf bis zu 50 % des tariflichen Monatsgehalts gekürzt werden. Dies ist bei Mitteilung der Kürzung durch den Steuerberater schriftlich zu bestätigen.
   Die Sonderzahlung ist nachträglich ungekürzt zu zahlen, sofern das tatsächliche Betriebsergebnis des Geschäftsjahres nicht um mindestens 10 % im Vergleich zum Vorjahr reduziert ist. Auf Verlangen des Mitarbeiters ist eine Bestätigung des Steuerberaters vorzulegen.
9. Die Sonderzahlung ist auch nachträglich ungekürzt zu zahlen, sofern der Apothekeninhaber binnen einer Frist von 6 Monaten nach der Zahlung eine betriebsbedingte Kündigung ausspricht und mit Ausspruch der Kündigung zur Zahlung fällig. Die Frist beginnt mit dem Monat, in dem die Zahlung oder – bei Teilzahlungen – der letzte Teil der Zahlung bewirkt wurde.
10. Die Kürzung ist nur zulässig, wenn sie bis zum 31. Oktober des Kalenderjahres schriftlich angekündigt wird.

§ 19 Beendigung des Arbeitsverhältnisses

1. Die Kündigungsfrist beträgt beiderseits 1 Monat zum Ende eines Kalendermonats.[4] Im Übrigen gelten die Regelungen des § 622 Abs. 2 BGB. Das Arbeitsverhältnis endet, ohne dass es einer Kündigung bedarf, zum Ende des Monats, in dem der Arbeitnehmer die Altersgrenze für den Bezug der gesetzlichen Regelaltersrente oder den Bezug von Altersruhegeld ohne Abschläge erreicht. Wird das Arbeitsverhältnis ohne anderslautende Vereinbarung über diesen Zeitpunkt hinaus fortgesetzt, handelt es sich weiter um ein unbefristetes Arbeitsverhältnis.

---

[4] Die Parteien können für die Zeit nach Ablauf der Probezeit einzelvertraglich eine für beide Seiten geltende längere Kündigungsfrist vereinbaren, solange diese nicht mehr als 3 Monate zum Monatsende beträgt. Darüber hinaus können die verlängerten Kündigungsfristen des § 622 Abs. 2 BGB auch für den Mitarbeiter vereinbart werden.

Das Arbeitsverhältnis endet ferner, ohne dass es einer Kündigung bedarf, zum Ende des Monats, in dem der Mitarbeiter einen Bescheid über eine Rente wegen einer dauerhaften vollen Erwerbsminderung erhält. Der Mitarbeiter ist verpflichtet, den Arbeitgeber unverzüglich über den Bescheid zu informieren.[5]

2. Die ersten 3 Monate gelten als Probezeit. Diese kann auf bis zu 6 Monate vertraglich verlängert werden. Während einer 3-monatigen Probezeit kann das Arbeitsverhältnis mit einer Frist von 1 Woche, im Übrigen mit einer Frist von 2 Wochen gekündigt werden.
   Wird für ein befristetes Arbeitsverhältnis eine Probezeit vereinbart, so muss diese nach § 15 Abs. 3 Teilzeit- und Befristungsgesetz im Verhältnis zu der erwarteten Dauer der Befristung und der Art der Tätigkeit stehen.
3. Ein befristetes Arbeitsverhältnis kann nach 6 Monaten mit den sich aus Absatz 1 ergebenden Fristen gekündigt werden. Das gilt nicht für Berufsausbildungsverhältnisse.
4. Für die fristlose Auflösung des Arbeitsverhältnisses gelten die gesetzlichen Bestimmungen über eine fristlose Kündigung (s. § 626 BGB). Unter anderem berechtigt die Ausführung fachlicher Arbeiten für eigene Rechnung oder für Rechnung anderer ohne Genehmigung des Apothekeninhabers zur fristlosen Auflösung des Arbeitsverhältnisses.
5. Kündigungen müssen schriftlich erfolgen.
6. Der Apothekeninhaber ist verpflichtet, dem Mitarbeiter vor seinem Ausscheiden auf Wunsch ein vorläufiges Zeugnis, bei Beendigung des Arbeitsverhältnisses ein endgültiges Zeugnis auszustellen. Die Zeugnisse müssen auf Verlangen erschöpfende Angaben über Art und Umfang der Tätigkeit sowie über Führung und Leistung enthalten.

§ 20 Verfall von Ansprüchen

1. Ansprüche aus Mehrarbeit, Nacht-, Sonn- und Feiertagsarbeit sowie auf Zahlung von Zulagen jeder Art sind spätestens 3 Monate nach Fälligkeit in Textform geltend zu machen. Dies gilt auch für Ansprüche der Mitarbeiter auf Vergütung der Notdienstbereitschaft (§ 5).
2. Nach Beendigung des Arbeitsverhältnisses sind alle gegenseitigen Ansprüche aus dem Arbeitsverhältnis innerhalb einer Frist von 3 Monaten in Textform geltend zu machen. Hiervon ausgenommen sind Ansprüche aus unerlaubter Handlung und solche, die aus vorsätzlichen oder grob fahrlässigen Pflichtverletzungen resultieren sowie sonstige Ansprüche, die kraft Gesetzes einer Ausschlussfrist entzogen sind.
3. Bei Nichteinhaltung der angeführten Fristen sind die Ansprüche verfallen.

5 Lag dem Mitarbeiter der Bescheid über eine Rente wegen einer dauerhaften vollen Erwerbsminderung bei Inkrafttreten des Bundesrahmentarifvertrages vor, endet das Arbeitsverhältnis am 31.08.2024.

§ 21 Schlussbestimmungen

1. Mit Inkrafttreten dieses Tarifvertrages tritt der bisherige Bundesrahmentarifvertrag für Apothekenmitarbeiter außer Kraft.
2. Rechtswirksam bestehende günstigere Einzelvereinbarungen werden durch den Abschluss dieses Tarifvertrages nicht berührt. Dieser Tarifvertrag tritt am 1. August 2024 in Kraft. Er kann mit einer Frist von 12 Monaten zum
Ende eines Kalendermonats gekündigt werden, und zwar erstmalig zum 31. Dezember 2027.

Hamburg/Berlin, den 12. Juli 2024

Tarifvertrag zur betrieblichen Altersvorsorge

für Mitarbeiter in Apotheken und Auszubildende zur Pharmazeutisch-kaufmännischen Angestellten, gültig ab 1. Januar 2012

Präambel

Durch diesen Tarifvertrag wollen die Tarifvertragsparteien einen Beitrag zur Verbesserung der Altersbezüge von Mitarbeitern in Apotheken leisten, in dem sie die Möglichkeit zum Aufbau einer zusätzlichen kapitalgedeckten Altersvorsorge schaffen. Die Bezeichnung der Mitarbeiter sowie der Apothekeninhaber in männlicher Form umfasst aus Gründen der praktischen Vereinfachung auch die Mitarbeiterinnen und Apothekeninhaberinnen.

§ 1 Geltungsbereich und Begriffsbestimmung

1. Räumlich: Für die Länder der Bundesrepublik Deutschland mit Ausnahme der Kammerbezirke Nordrhein und Sachsen.
2. Fachlich: Für alle Apotheken mit Ausnahme der Krankenhausapotheken
3. Persönlich: für
   a) Apotheker,
   b) Pharmazeutisch-technische Assistenten,
   c) Apothekerassistenten,
   d) Pharmazie-Ingenieure und Diplompharmazie-Ingenieure,
   e) Apothekenassistenten,
   f) Pharmazeutisch-kaufmännische Angestellte,
   g) Apothekenhelfer,
   h) Apothekenfacharbeiter,
   i) Pharmazeutische Assistenten,
   j) Personen, die sich in der Ausbildung zur Pharmazeutisch-kaufmännischen Angestellten befinden.

§ 2 Arbeitgeberbeitrag zur betrieblichen Altersvorsorge

1. Mitarbeiter in Apotheken erhalten zum Aufbau einer betrieblichen Altersvorsorgeleistung nach § 1 Betriebsrentengesetz (BetrAVG) von dem Apothekeninhaber einen Beitrag gemäß folgender Staffelung:
   a) Mitarbeiter mit einer wöchentlichen Arbeitszeit von mehr als 30 Stunden erhalten 27,50 € monatlich,
   Mitarbeiter mit einer wöchentlichen Arbeitszeit von mehr als 20 Stunden erhalten 22,50 € monatlich,
   Mitarbeiter mit einer wöchentlichen Arbeitszeit von mehr als zehn Stunden erhalten 15,00 € monatlich,
   Mitarbeiter mit einer wöchentlichen Arbeitszeit von nicht mehr als zehn Stunden erhalten 10,00 € monatlich.[1]
   b) Auszubildende zur Pharmazeutisch-kaufmännischen Angestellten erhalten nach einer Probezeit von maximal vier Monaten 10,00 € monatlich.
2. Der Anspruch besteht für jeden Kalendermonat, in dem Mitarbeiter Anspruch auf Entgelt haben. Endet der Anspruch auf Entgelt im bestehenden Arbeitsverhältnis wie insbesondere bei Elternzeit, über sechs Wochen andauernder krankheitsbedingter Arbeitsunfähigkeit oder unbezahltem Urlaub des Arbeitnehmers, endet der Anspruch mit Ablauf des Kalendermonats, in dem der Anspruch auf Entgelt entfallen ist. Er entsteht wieder mit Beginn des Monats, in dem der Anspruch auf Entgelt wieder für den vollen Monat besteht.
3. Beginnt oder endet das Beschäftigungsverhältnis im Laufe eines Kalendermonats, so besteht für diesen Monat ein voller Anspruch auf den Arbeitgeberbeitrag, wenn das Arbeitsverhältnis in diesem Kalendermonat mindestens fünfzehn Kalendertage besteht.
   Bei einem Arbeitsplatzwechsel sind Doppelansprüche ausgeschlossen.
4. Falls eine bestehende Entgeltumwandlung eines Mitarbeiters bereits den Förderungshöchstbetrag nach § 3 Nr. 63 EStG ausschöpft, ist diese Entgeltumwandlung auf Wunsch des Mitarbeiters so zu reduzieren, dass der Arbeitgeberbeitrag von diesem Mitarbeiter genutzt werden kann.
5. Eine unmittelbare Auszahlung des Arbeitgeberbeitrages zur betrieblichen Altersvorsorge an den Mitarbeiter ist grundsätzlich nicht zulässig. Eine Auszahlung des laufenden Arbeitgeberbeitrages mit dem Gehalt ist auf Wunsch des Mitarbeiters nur dann möglich, wenn er bereits das 55. Lebensjahr vollendet hat.
6. Der Anspruch ist unabdingbar und kann weder abgetreten noch beliehen oder verpfändet werden.
7. Der Arbeitgeberbeitrag zur betrieblichen Altersvorsorge kann nicht für die staatlich geförderte Altersvorsorge gem. §§ 10 a, 79 ff. EStG (sog. „Riester-Rente“) verwendet werden.

---

[1] Die Parteien sind sich darüber einig, bei der nächsten Verhandlung über einen höheren Beitrag bei längerer Betriebszugehörigkeit zu verhandeln.

§ 3 Entstehen des Anspruchs auf den Arbeitgeberbeitrag zur betrieblichen Altersvorsorge

Der Anspruch auf den Arbeitgeberbeitrag entsteht erstmalig mit In-Kraft-Treten des Tarifvertrages zum 01.01.2012 bzw. mit Beginn des Arbeitsverhältnisses, soweit der Beginn nach In-Kraft-Treten des vorgenannten Tarifvertrages liegt.

§ 4 Fälligkeit des Arbeitgeberbeitrags zur betrieblichen Altersvorsorge

Der Arbeitgeberbeitrag zur betrieblichen Altersvorsorge ist monatlich mit dem Gehalt fällig.

§ 5 Anspruch auf Entgeltumwandlung

1. Zusätzlich zu dem Arbeitgeberbeitrag nach § 2 Abs. 1 dieses Vertrages kann der Mitarbeiter verlangen, dass von seinen Entgeltansprüchen bis zu insgesamt vier v. H. der Beitragsbemessungsgrenze zur gesetzlichen Rentenversicherung für die betriebliche Altersvorsorge verwendet werden.
   Bei dieser Entgeltumwandlung darf $^{1}/_{160}$ der Bezugsgröße nach § 18 Abs. 1 des Vierten Buches Sozialgesetzbuch nicht unterschritten werden.
2. Macht der Mitarbeiter von der Möglichkeit der Entgeltumwandlung Gebrauch, erhält er einen Arbeitgeberzuschuss in Höhe der eingesparten Sozialversicherungsbeiträge auf den umgewandelten Betrag von 20 v. H.

§ 6 Verfahren bei Entgeltumwandlung

1. Der Mitarbeiter muss den Anspruch auf Entgeltumwandlung spätestens am fünfzehnten des Vormonats schriftlich geltend machen.
2. Der Mitarbeiter ist an diese Entscheidung für das laufende Kalenderjahr gebunden.
3. Apothekeninhaber und Mitarbeiter treffen über die Entgeltumwandlung schriftlich eine Entgeltumwandlungsvereinbarung nach der Anlage dieses Vertrages.

§ 7 Durchführungsweg

1. Der Apothekeninhaber bietet dem Mitarbeiter die Durchführung der betrieblichen Altersvorsorge (Arbeitgeberbeitrag zur betrieblichen Altersvorsorge) durch Abschluss einer Direktversicherung an. Dem Apothekeninhaber und dem Mitarbeiter steht es frei, in beiderseitigem Einvernehmen einen anderen Durchführungsweg zu wählen.
2. Einzelheiten der Versorgungsleistung (einschließlich ggf. zusätzlicher Versorgungsarten) werden in den Geschäftsplänen, Versicherungsbedingungen und Leistungsbeschreibungen der Versicherung, die der Bundesanstalt für Finanzdienstleistungsaufsicht mitgeteilt werden, festgelegt.

§ 8 Sofortige Unverfallbarkeit

Die Anwartschaft auf die Versicherungsleistungen aus Entgeltumwandlung und der Arbeitgeberzuschuss sowie die Versorgungszusage aus dem Arbeitgeberbeitrag zur betrieblichen Altersvorsorge sind ab Vertragsbeginn unverfallbar. Der Mitarbeiter ist auf die Versicherungsleistungen für den Erlebens- und Todesfall ab Vertragsbeginn unwiderruflich bezugsberechtigt.

§ 9 Fortführung und Übertragung der Versorgungsanwartschaft

Mit dem Versorgungsträger der betrieblichen Altersvorsorge ist zu vereinbaren, dass der Mitarbeiter bei Beendigung des Arbeitsverhältnisses das Recht zur Fortführung der unverfallbaren Versorgungsanwartschaft mit eigenen Beiträgen hat.

§ 10 Informationspflichten

Der Apothekeninhaber informiert den Mitarbeiter über die Grundzüge der nach § 7 vereinbarten betrieblichen Altersvorsorge durch Entgeltumwandlung und Altersvorsorgebeitrag. Der Apothekeninhaber hat dafür Sorge zu tragen, dass Informationen der Versicherung, insbesondere Auskünfte über die gezahlten Beiträge, den Stand der Anwartschaft sowie die zu erwartenden Leistungen dem Mitarbeiter unverzüglich zugeleitet werden.

§ 11 Ausschlussfristen

Abweichend von § 20 Bundesrahmentarifvertrag sind Ansprüche aus diesem Tarifvertrag innerhalb einer Frist von zwölf Monaten nach Fälligkeit schriftlich geltend zu machen.

§ 12 Inkrafttreten und Laufzeit

1. Dieser Tarifvertrag tritt am 01. 01. 2012 in Kraft. Er kann mit einer Frist von drei Monaten zum Jahresende, erstmals zum 31. 12. 2012 gekündigt werden. Bis zum Abschluss eines neuen Tarifvertrages gelten die Bestimmungen des gekündigten Tarifvertrages weiter, soweit zwischen den Tarifvertragsparteien nichts anderes vereinbart wird.
2. Sofern durch gesetzliche Regelungen im Rahmen der gesetzlichen Rentenversicherung, des BetrAVG oder anderer Vorschriften eine Änderung des Tarifvertrages zu den Regelungen zur Entgeltumwandlung, zum Arbeitgeberzuschuss und Arbeitgeberbeitrag zur betrieblichen Altersvorsorge notwendig wird, werden die Tarifvertragsparteien hierzu in Verhandlungen mit dem Ziel treten, die Entgeltumwandlung, den Arbeitgeberzuschuss sowie den Arbeitgeberbeitrag weiterhin zu ermöglichen.
3. Mit In-Kraft-Treten dieses Tarifvertrages tritt der Tarifvertrag über die Förderung privater Altersvorsorge für Apothekenmitarbeiter (Altersvorsorgetarif) vom 01. 01. 2002 außer Kraft. Bereits bestehende Vereinbarungen nach dem Altersvorsorgetarif bleiben bestehen.

Anlage

Entgeltumwandlungsvereinbarung

Hamburg/Münster, den 27. 04. 2011

Entgeltumwandlungsvereinbarung

Zwischen .... – Apothekeninhaber –
und .... – Mitarbeiter –
wird zum Arbeitsvertrag vom .... auf der Grundlage des Tarifvertrages zur betrieblichen Altersvorsorge für Mitarbeiter in Apotheken und Auszubildende zur/zum Pharmazeutisch-kaufmännischen Angestellten vom .... mit Wirkung zum .... Folgendes vereinbart:

§ 1 Höhe der Entgeltumwandlung[1]

1. Der Anspruch des Mitarbeiters auf
   - laufende Entgeltbestandteile in Höhe eines Betrages von .... Euro monatlich
   - einen Teil der Sonderzahlung in Höhe eines Betrages von .... Euro jährlich

   wird für eine betriebliche Altersversorgung verwendet (§ 1 Abs. 2 BetrAVG).
2. Die umgewandelten Entgelte werden als Beiträge in eine Direktversicherung (oder bei einvernehmlicher Regelung anderer Durchführungsweg) bei der .... eingezahlt.
3. Der umzuwandelnde Entgeltbetrag für ein Jahr muss mindestens 1/160 der Bezugsgröße nach § 18 Abs. 1 SGB IV erreichen.

§ 2 Arbeitgeberzuschuss

Der Apothekeninhaber zahlt dem Mitarbeiter einen Zuschuss zur betrieblichen Altersversorgung in Höhe der eingesparten Sozialversicherungsbeiträge auf den umgewandelten Betrag von 20 v. H..

[1] Die Höhe der Entgeltumwandlung darf unter Berücksichtigung des Arbeitgeberbeitrages nach § 2 des Tarifvertrages zur betrieblichen Altersvorsorge für Angestellte und Auszubildende in Apotheken sowie des Arbeitgeberzuschusses nach § 5 des Tarifvertrages zur betrieblichen Altersvorsorge für Angestellte und Auszubildende in Apotheken (§ 2 dieser Vereinbarung) insgesamt maximal 4 v. H. der Beitragsbemessungsgrenze nicht überschreiten.

§ 3 Dauer des Anspruchs

1. Der Anspruch besteht für jeden Kalendermonat, in dem der Mitarbeiter Anspruch auf Entgelt hat. Endet der Anspruch auf Entgelt im bestehenden Arbeitsverhältnis wie insbesondere bei Elternzeit, über sechs Wochen andauernder krankheitsbedingter Arbeitsunfähigkeit oder unbezahltem Urlaub des Arbeitnehmers, endet der Anspruch mit Ablauf des Kalendermonats, in dem der Anspruch auf Entgelt entfallen ist. Er entsteht wieder mit Beginn des Monats, in dem der Anspruch auf Entgelt wieder für den vollen Monat besteht. Falls der Mitarbeiter bei fortbestehendem Arbeitsverhältnis keinen Anspruch auf Entgelt hat, hat er das Recht, die Versicherung mit eigenen Beiträgen fortzusetzen.
2. Beginnt oder endet das Beschäftigungsverhältnis im Laufe eines Kalendermonats, so besteht für diesen Monat ein voller Anspruch auf den Arbeitgeberzuschuss, wenn das Arbeitsverhältnis in diesem Kalendermonat mindestens 15 Kalendertage besteht.

§ 4 Steuer- und sozialversicherungsrechtliche Hinweise

Dem Mitarbeiter ist bekannt, dass sich infolge der Entgeltumwandlung

a) aus einer Minderung des beitragspflichtigen Entgelts in der gesetzlichen Renten-, Kranken-, Arbeitslosen- und Pflegeversicherung eine entsprechende Minderung der Leistungsansprüche aus diesen Versicherungen ergibt,
b) grundsätzlich auch die Bemessungsgrundlage von Ansprüchen, die vom Nettoarbeitsentgelt der Arbeitnehmerin abhängig sind (wie Krankengeld, Zuschuss zum Mutterschaftsgeld), verringert.

Ferner ist ihm bekannt, dass die späteren Versorgungsleistungen nach den derzeit geltenden steuerrechtlichen Regelungen einkommensteuerpflichtig sind.

§ 5 Kündigung der Vereinbarung

1. Diese Vereinbarung kann von dem Mitarbeiter mit einer Kündigungsfrist von drei Monaten erstmals zum .... und danach jeweils unter Einhaltung einer Kündigungsfrist von drei Monaten zum Ende des Kalenderjahres gekündigt werden. Die Kündigung muss schriftlich erfolgen. Die Vereinbarung endet automatisch mit der Beendigung des Arbeitsverhältnisses.
2. Der Mitarbeiter kann die Versicherung nach der Beendigung des Arbeitsverhältnisses mit eigenen Beiträgen fortführen. Er hat dabei die Frist zu beachten, innerhalb derer die Fortführung gegenüber der Versicherung erklärt werden muss.

§ 6 Datenübermittlung

Der Mitarbeiter erklärt sich damit einverstanden, dass alle für die Durchführung seiner Entgeltumwandlung erforderlichen Daten an den Versorgungsträger übermittelt werden.

§ 7 Schlussbestimmung

Dieser Vereinbarung liegt der Tarifvertrag zur betrieblichen Altersvorsorge für Mitarbeiter und Auszubildende in Apotheken in der Fassung vom 01.01.2012 zugrunde.

Ort/Datum ....

Apothekeninhaber ....

Mitarbeiter ....

Gehaltstarifvertrag für Apothekenmitarbeiter

zwischen ADEXA – Die Apothekengewerkschaft und dem Arbeitsgeberverband Deutscher Apotheken

I. Gehälter	ab 01. 07. 2024			
	Spalte 1	Spalte 2a	Spalte 2b	Spalte 3
1. Approbierte				
1. Berufsjahr	4.045,00 €	84,00 €	132,00 €	251,00 €
2.–5. Berufsjahr	4.113,00 €	85,00 €	134,00 €	256,00 €
6.–10. Berufsjahr	4.396,00 €	91,00 €	143,00 €	273,00 €
ab 11. Berufsjahr	4.779,00 €	99,00 €	156,00 €	297,00 €
2. Apothekerassistenten				
1.–14. Berufsjahr	3.376,00 €	70,00 €	110,00 €	210,00 €
ab 15. Berufsjahr	3.501,00 €	73,00 €	114,00 €	218,00 €
3. Pharmazie-Ingenieure und Dipl. Pharmazie-Ingenieure				
1.–8. Berufsjahr	3.218,00 €	67,00 €	105,00 €	200,00 €
9.–14. Berufsjahr	3.326,00 €	69,00 €	108,00 €	207,00 €
ab 15. Berufsjahr	3.501,00 €	73,00 €	114,00 €	218,00 €
4. Pharmazeutisch-technische Assistenten				
1.–2. Berufsjahr	2.569,00 €			
3.–5. Berufsjahr	2.638,00 €			
6.–8. Berufsjahr	2.837,00 €			
9.–14. Berufsjahr	3.054,00 €			
ab 15. Berufsjahr	3.172,00 €			
5. Apothekenassistenten				
alle Berufsjahre	3.143,00 €			
6. Pharmazeutisch-kaufmännische Angestellte und Pharmazeutische Assistenten				
1.–2. Berufsjahr	2.306,00 €			
3.–6. Berufsjahr	2.335,00 €			
7.–9. Berufsjahr	2.402,00 €			
10.–13. Berufsjahr	2.523,00 €			
ab 14. Berufsjahr	2.687,00 €			

II. Monatliche Ausbildungsvergütung	**ab 01. 07. 2024**
1. Pharmazeuten im Praktikum erhalten während ihrer Ausbildungszeit in öffentlichen Apotheken	
eine Ausbildungsvergütung von	1.100,00 €
2. PTA-Praktikanten erhalten während ihrer sechsmonatigen Ausbildungszeit in öffentlichen Apotheken	
eine Ausbildungsvergütung von	850,00 €
3. Pharmazeutisch-kaufmännische Angestellte in Ausbildung erhalten monatlich	
im 1. Ausbildungsjahr	850,00 €
im 2. Ausbildungsjahr	900,00 €
im 3. Ausbildungsjahr	950,00 €

III. Laufzeit

Dieser Tarif tritt mit Wirkung vom 1. Juli 2024 in Kraft. Er gilt bis zum 31. Dezember 2025

◀ **Spalte 1:** Brutto-Monatsgehalt

Spalte 2 a bzw. 2 b: Vergütungsbeträge für Notdienstbereitschaften in der Nacht (Spalte 2 a = 18:30 – 22:00 Uhr, Spalte 2 b = 22:00 – 8:00 Uhr) entsprechend § 6 Abs. 1 BRTV, sofern nicht § 6 Abs. 6 anzuwenden ist.

Spalte 3: Vergütungsbetrag für Notdienstbereitschaft an Sonn- und Feiertagen (8:00 – 18:30 Uhr) entsprechend § 6 Abs. 2 BRTV, sofern nicht § 6 Abs. 6 anzuwenden ist.

I. Gehälter		ab 01. 01. 2026			
		Spalte 1	Spalte 2a	Spalte 2b	Spalte 3
1. Approbierte					
1.	Berufsjahr	4.166,00 €	86,00 €	136,00 €	259,00 €
2.–5.	Berufsjahr	4.236,00 €	88,00 €	138,00 €	263,00 €
6.–10.	Berufsjahr	4.528,00 €	94,00 €	147,00 €	281,00 €
ab 11.	Berufsjahr	4.922,00 €	102,00 €	160,00 €	306,00 €
2. Apothekerassistenten					
1.–14.	Berufsjahr	3.477,00 €	72,00 €	113,00 €	216,00 €
ab 15.	Berufsjahr	3.606,00 €	75,00 €	117,00 €	224,00 €
3. Pharmazie-Ingenieure und Dipl. Pharmazie-Ingenieure					
1.–8.	Berufsjahr	3.315,00 €	69,00 €	108,00 €	206,00 €
9.–14.	Berufsjahr	3.426,00 €	71,00 €	111,00 €	213,00 €
ab 15.	Berufsjahr	3.606,00 €	75,00 €	117,00 €	224,00 €
4. Pharmazeutisch-technische Assistenten					
1.–2.	Berufsjahr	2.646,00 €			
3.–5.	Berufsjahr	2.717,00 €			
6.–8.	Berufsjahr	2.922,00 €			
9.–14.	Berufsjahr	3.146,00 €			
ab 15.	Berufsjahr	3.267,00 €			
5. Apothekenassistenten					
alle Berufsjahre		3.237,00 €			
6. Pharmazeutisch-kaufmännische Angestellte und Pharmazeutische Assistenten					
1.–2.	Berufsjahr	2.375,00 €			
3.–6.	Berufsjahr	2.405,00 €			
7.–9.	Berufsjahr	2.474,00 €			
10.–13.	Berufsjahr	2.599,00 €			
ab 14.	Berufsjahr	2.768,00 €			

Spalte 1: Brutto-Monatsgehalt

Spalte 2 a bzw. 2 b: Vergütungsbeträge für Notdienstbereitschaften in der Nacht (Spalte 2 a = 18:30 – 22:00 Uhr, Spalte 2 b = 22:00 – 8:00 Uhr) entsprechend § 6 Abs. 1 BRTV, sofern nicht § 6 Abs. 6 anzuwenden ist.

Spalte 3: Vergütungsbetrag für Notdienstbereitschaft an Sonn- und Feiertagen (8:00 – 18:30 Uhr) entsprechend § 6 Abs. 2 BRTV, sofern nicht § 6 Abs. 6 anzuwenden ist.

II. Monatliche Ausbildungsvergütung	**ab 01. 01. 2026**
1. **Pharmazeuten im Praktikum** erhalten während ihrer Ausbildungszeit in öffentlichen Apotheken	
eine Ausbildungsvergütung von	1.133,00 €
2. **PTA-Praktikanten** erhalten während ihrer sechsmonatigen Ausbildungszeit in öffentlichen Apotheken	
eine Ausbildungsvergütung von	876,00 €
3. **Pharmazeutisch-kaufmännische Angestellte in Ausbildung** erhalten monatlich	
im 1. Ausbildungsjahr	876,00 €
im 2. Ausbildungsjahr	927,00 €
im 3. Ausbildungsjahr	979,00 €

III. Laufzeit
Dieser Tarif tritt mit Wirkung vom 1. Januar 2026 in Kraft und kann mit einer Frist von drei Monaten, frühestens zum 31. Dezember 2026 gekündigt werden.

Hamburg/Berlin, den 12.07.2024